COLLECTION DE M. LE MARQUIS DE B***

Vente du Mercredi 13 Avril 1910

HOTEL DROUOT — SALLE N° 8

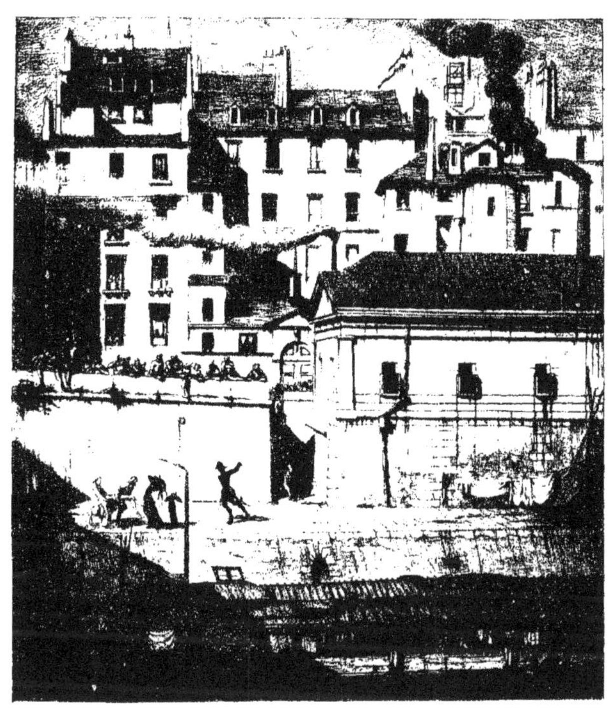

N° 98 du Catalogue

ESTAMPES
MODERNES

Me LAIR-DUBREUIL — M. LOYS DELTEIL

IMPRIMERIE

FRAZIER-SOYE

153-157, Rue Montmartre

PARIS

CATALOGUE

DES

ESTAMPES

MODERNES

ŒUVRES

DE

A. BESNARD, G. DORÉ, J. L. FORAIN,
S. HADEN, P. HELLEU, A. LEPÈRE,
A. LUNOIS, MANET, CH. MERYON, A. RAFFET,
STEINLEN, WHISTLER, ZORN, etc.

Composant la collection de M. LE MARQUIS DE B***

Dont la vente aura lieu

à Paris, HOTEL DROUOT, Salle N° 8

Le Mercredi 13 Avril 1910

à 2 heures précises

Par le Ministère de Me F. LAIR-DUBREUIL

COMMISSAIRE-PRISEUR

6, Rue Favart

Assisté de M. LOYS DELTEIL, Artiste-Graveur, Expert

2, Rue des Beaux-Arts

CONDITIONS DE LA VENTE

Elle sera faite au comptant.

Les adjudicataires paieront *dix pour cent* en sus des enchères.

M. Loys Delteil remplira les commissions que voudront bien lui confier les amateurs ne pouvant y assister.

MM. les amateurs pourront visiter la collection, 2, *rue des Beaux-Arts*, du Jeudi 7 au Mardi 12 Avril 1910, de 2 heures à 5 heures, (*le Dimanche excepté*).

Le Peintre-Graveur Illustré

(XIXe & XXe SIÈCLES)

par LOYS DELTEIL

OUVRAGE HONORÉ D'UNE SOUSCRIPTION DU MINISTÈRE DE L'INSTRUCTION PUBLIQUE ET DES BEAUX-ARTS

VIENT DE PARAITRE :

TOME V consacré à COROT

contenant la biographie du maître
le Catalogue raisonné de son œuvre gravé et lithographié
de ses
AUTOGRAPHIES & CLICHÉS-VERRES

1 volume in-4° de 136 pages, orné d'un portrait de Corot, de 101 fac-simile et d'*une eau-forte originale* de Corot : LE DÔME FLORENTIN.

50	Exemplaires de luxe, avec l'eau-forte originale, *avant* la lettre.	**70** francs
350	Exemplaires ordinaires, avec l'eau-forte, avec la lettre . .	**25** —
100	— — sans l'eau-forte	**20** —

EN SOUSCRIPTION : **POUR PARAITRE LE 28 MAI 1910**

TOME VI consacré à RUDE, BARYE, CARPEAUX, RODIN

contenant la biographie des maîtres
le Catalogue raisonné de leur œuvre gravé et lithographié

1 Volume in-4°, orné des portraits de Rude, de Barye, de Carpeaux et de Rodin, d'environ 50 fac-simile et d'une pointe sèche originale de Aug. Rodin : *les Amours conduisant le Monde.*

50	Exemplaires de luxe, sur Japon, avec la pointe sèche originale de Rodin. . .	**50** francs
300	— — — avec la planche de Rodin.	**20** —
150	— — — sans la planche	**12** —

BULLETIN DE SOUSCRIPTION

(A renvoyer à M. LOYS DELTEIL, 2, rue des Beaux-Arts)

Je, soussigné, déclare souscrire à .... exemplaire du Tome VIe du PEINTRE-GRAVEUR ILLUSTRÉ, au prix .... francs l'exemplaire.

Signature et Adresse

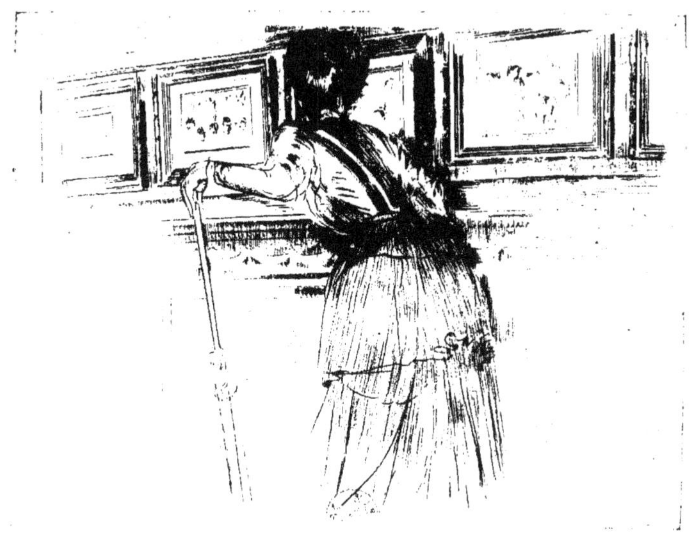

N° 51 du Catalogue

DÉSIGNATION

BESNARD (P. A.)

1. Tendresse maternelle. Superbe épreuve, *signée*. Très rare.

BRACQUEMOND (Félix)

2. La Tête et la queue du serpent, d'apr. G. Moreau (H. B. 800). Deux superbes épreuves, *signées*, une du 1er état, très rare.

CHAHINE (Edgar)

3. Au Château-Rouge. Superbe épreuve, *signée* (n° 16).

4. Femme étendue sur un sofa. Superbe épreuve, *signée* et annotée : *épreuve unique avant l'aciérage.*

DEVÉRIA (Achille)

5. Eckerlin (Mlle) (H. B. 18) — Damiana (Dona). Deux pièces. Très belles épreuves sur chine.

6. Les Heures du Jour : 9 Heures du Matin — 8 Heures du Soir — 10 Heures du Soir. Trois pièces. Belles épreuves (deux à toutes marges).

7. Le Goût nouveau, pl. 1, 2 et 16 — 9 Heures du Matin — Lettre C, 2 épr. Six pièces.

DORÉ (Gustave)

8. Haquet de brasseur à Londres (H. Beraldi 7). Très belle épreuve du 1er état. Très rare.

9. La même estampe. Très belle épreuve. Rare.

10. A la belle étoile, sur le pont de Londres (8). Superbe épreuve. Rare.

11. Misérables sur le Pont de Londres, 1re pl. (10). Belle épreuve, retouchée. Très rare.

12. Misérables sur le Pont de Londres, 2e pl. (11). Très belle épreuve du 1er état. Très rare. On y a joint un fac-simile.

13. Marchandes de fleurs, à Londres (15). Très belle épreuve du 1er état. Très rare.

14. La même estampe. Très belle épreuve du 2e état. Très rare.

15. La même estampe. Deux épreuves du 3e état, l'une très belle, l'autre retouchée.

16. Intérieur d'Eglise espagnole (21). Belle et très rare épreuve du 2e état avec la mention : *6 juillet 1876 état.*

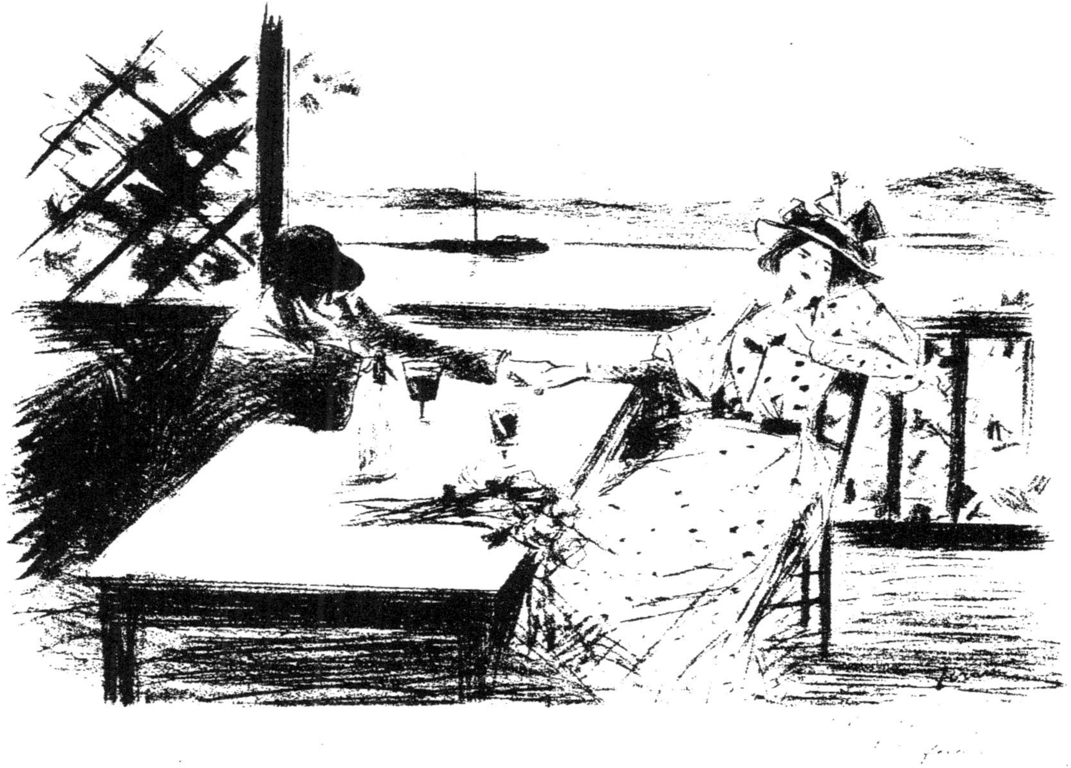

N° 25 du Catalogue

17. La même estampe. Très belle épreuve d'un état plus avancé, avec la mention : *18 Août 76 état retroussé.*

18. La Grand'Mère (23). Très belle épreuve sur japon.

19. La Civilisation terrassant la Barbarie, 1855. Très belle épreuve.

DULAC (Charles)

20. La Terrasse. Très belle épreuve tirée en deux tons, *signée*. (N° 16).

FANTIN-LATOUR (H.)

21. Rinaldo, 3e planche (G. H. 33). Très belle épreuve *d'essai, avec dédicace.*

FORAIN (Jean-Louis)

22. Au Restaurant (M. Guérin 1). Très belle épreuve, d'un 2e état, *non décrit*, le sujet est légèrement réduit sur 3 côtés : *signée* et *numérotée* (28).

23. L'Aveu (5) Superbe épreuve sur chine fixé, *signée et numérotée 2*. Très rare.

24. Au Théâtre (8). Superbe et rarissime épreuve d'un 1er état, *non décrit*, avant l'indication d'un dossier de fauteuil, dans la loge du 1er plan. *Signée.*

25. La Tonnelle (9). Magnifique épreuve avec la mention : *Tiré à 7 épreuves par forain*. Très-rare.

26. Le Cabinet particulier, 1re planehe (10). Superbe épreuve, d'un état *non décrit, signée*. Très-rare.

27. Le Cabinet particulier, 5e planche (14). Superbe épreuve, *signée*. Très-rare.

28. L'Amour à Paris (16). Superbe et unique épreuve d'un état *non décrit*, intermédiaire entre le 1er et le 2e ; avec la mention : *tiré à une épreuve forain.*

29. Femme nue, s'essuyant les pieds (35). Superbe épreuve, avec la mention : *tiré à 3 épreuves forain.*

30. L'Audience, 3e planche (40). Superbe épreuve, avec la mention : *Tiré à 10 épreuves forain.* Très-rare.

FOREL (Alexis)

31. Notre-Dame au coucher du Soleil. Très belle épreuve, *bon à tirer, signée.*

GŒNEUTTE (Norbert)

32. Portrait de Femme. Très belle épreuve, *signée.*

GONCOURT (Jules de)

33. La Lecture, d'apr. H. Fragonard. — Jeune Femme accrochant un cadre, d'apr. le même. Trois pièces. Très belles épreuves, deux *avec dédicace d'Edmond de G.*

GRASSET (Eug.)

34. Composition pour Esclarmonde, 7 fac-simile, tirage à part.

GREVEDON (Henry)

35. Mme Grevedon, du Gymnase Dramatique — Jenny Vertpré — Mlle Sontag — Mme Damoreau-Cinti — Miss Taglioni — Mme Meric Lalande. Sept pièces, une *avant la lettre.* Belles épreuves.

36. — Enfance — Le Prix de sagesse — La Mariée — Elisa, etc. Sept pièces. Belles épreuves.

HADEN (F. Seymour)

37. Mytton Hall (R. Drake 13). Superbe épreuve sur japon, *signée.*

38. Battersea Reach (45). Superbe épreuve du 1er état, *signée* des initiales.

39. Les Marais d'Erith, 1865 (102). Superbe épreuve, *signée.*

40. Auberge à Purfleet (122). Très belle épreuve du 1er état, *signée*. Collection Drake.

HELLEU (Paul)

41. Carlier (Mlle Madeleine). Grand in-fol. Très belle épreuve *tirée en 2 tons*, *signée*.

42. Liane de Pougy, étendue sur un canapé. Superbe épreuve, *signée*.

43. Sorel (Mlle), du Vaudeville. Très belle et très rare épreuve du 1er état, *signée* et la mention : *tiré à 10*.

44. Mlle D***, de profil. Très belle épreuve, *signée*.

45. Mme X***, de face, la main droite sous le menton. Très belle épreuve, *signée*.

46. Mme XX, en buste, de profil. Très belle épreuve, *signée*.

47. Mlle ***. Très belle épreuve, *signée*.

48. Whistler (J. M. N.). Superbe et fort rare épreuve du 1er état, *avant quelques travaux*, tirée sur papier ancien, *signée*. On y a joint une épreuve du cuivre biffé.

49. Jeune Femme à la tasse. Très belle épreuve, *signée*.

50. L'Aiguille, épreuve d'essai *avant* la réduction du cuivre, *signée*.

51. Les Watteau du Louvre. Très belle épreuve, *tirée en 2 tons*, *signée*.

52. Liseuse, avec la mention : *2e épreuve Helleu*.

53. Trois Etudes de jeune Fille et croquis de femme au parapluie ouvert. Très belle épreuve, *signée*, avec la mention : *Epreuve unique*.

54. Quatre têtes de jeune Fille. Très belle épreuve, *tirée en sanguine*, *signée*.

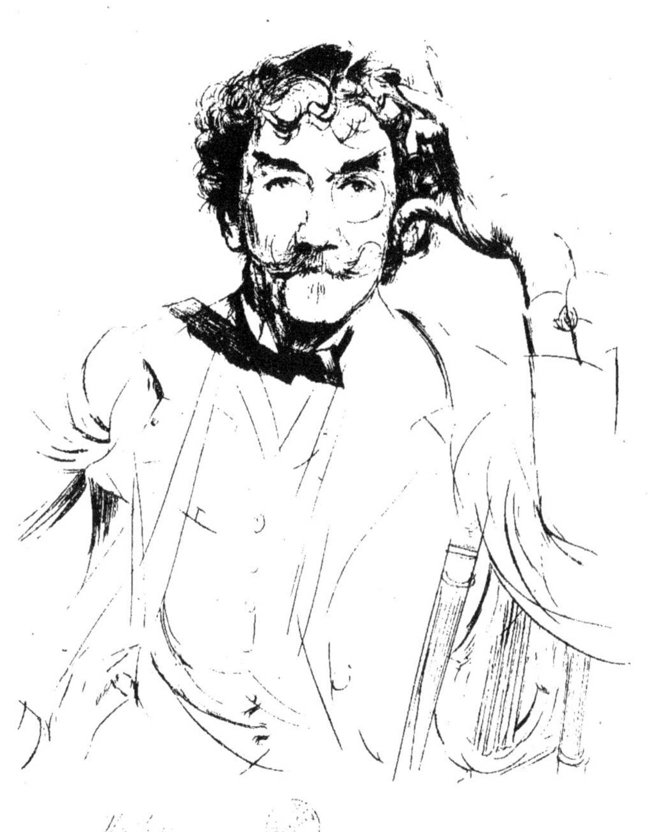

N° 48 du Catalogue

55. La même estampe. Très belle épreuve tirée en noir, *signée.*

56. Trois têtes de Femmes et de jeune Fille. Très belle épreuve, *signée.*

57. Quatre têtes de Femme, fillettes et garçon. Très belle épreuve, *signée* (tiré à 6 épreuves).

58. Six têtes de Femmes (tirée à 3 épr.), *imp. en sanguine, signée.*

59. Dormeuse, petite planche (tirée à 4 épreuves), *signée.*

60. La Toilette. Très belle épreuve (tirée à 6 épr.), sur japon, *signée.*

61. Jeune Fille en buste, la tête reposant sur le dossier d'un siège. Très belle épreuve, *signée.*

62. Dormeuse, planche en forme de frise. Epreuve d'essai.

63. Femme au corsage écossais, étendue sur un canapé. Très belle épreuve, *signée.*

64. Buste de Fillette. Très belle épreuve. Très rare.

65. La Dormeuse, tournée à droite. Très belle épreuve. *signée.* Très rare.

66. Jeune Femme debout, appuyée sur une harpe. Très belle épreuve, *signée.*

67. Jeune Femme étendue dans une bergère, jouant de la harpe. Très belle épreuve, *signée.*

68. Jeune Femme à la barre. Très belle épreuve, *signée.*

69. Grand portrait de Fillette, de trois-quarts à droite. Très belle épreuve, *signée.*

70. Femme au mantelet. Très belle épreuve, *tirée à 1.*

71. Femme au paon. Très belle épreuve, *signée (tirée à 10).*

72. Fillette accoudée et deux études de mains. Très belle épreuve.

73. Jeune Femme appuyée sur une colonne, dans le goût de Reynolds. Très belle épreuve.

74. Jeune Femme à mi-corps de face, accoudée. Très belle épreuve, *signée*.

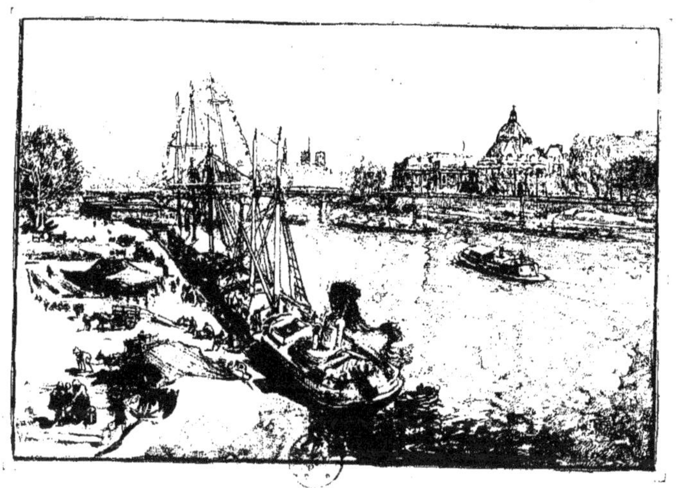

N° 87 du Catalogue

75. Mme H***, se reposant sur un canapé. Très belle épreuve, *signée*.

76. Le Sommeil. Très belle épreuve, datée *23 juillet*.

77. Deux têtes de Femmes. Très belle épreuve.

78. Farniente. Très belle épreuve, *signée* et *numérotée* (7).

79. Harpiste, de face. Très belle épreuve, *signée*.

ISABEY (J. B.)

80. Mlle de Pavant (G. H. 85). — Mme de Talleyrand, par Schmit, 1821. Deux pièces. Belles épreuves.

LAUTREC (H. de Toulouse)

81. Etude de Femme. Très belle épreuve, *signée* (n° 81).

LEGRAND (Louis) — RENOUARD (Paul)

82. Danseuses — Femme au parapluie. Quatre pièces. Belles épreuves.

LEPÈRE (Auguste)

83. Retour de Greenwich, la nuit, petite planche. (A. Lotz-Brissonneau 32). Superbe et fort rare épreuve du 1er état, *signée* (n° 1).

84. Paris, vu du Pavillon de Flore (214). Très belle épreuve sur japon, *signée* et *timbrée*.

85. Le Marché aux Pommes, vu du Pont Louis Philippe (222). Superbe épreuve sur japon pelure, *signée* et *timbrée*.

86. Les Boulevards, près la Porte St-Denis (227). Superbe épreuve *d'état*, sur japon pelure, *signée* et *timbrée*.

87. Le Port St-Nicolas, bois. *Non décrit*. Superbe épreuve d'état, *signée* et *timbrée*.

LUNOIS (Alex.)

88. La Belle tulipe. Superbe épreuve sur japon pelure, *signée*.

89. La Hollandaise de Volendaam. Superbe épreuve sur japon pelure collé, *signée*. Fort rare, la pierre s'étant cassée après un tirage de 7 épreuves.

90. La Prière. Très belle épreuve sur chine, *signée*.

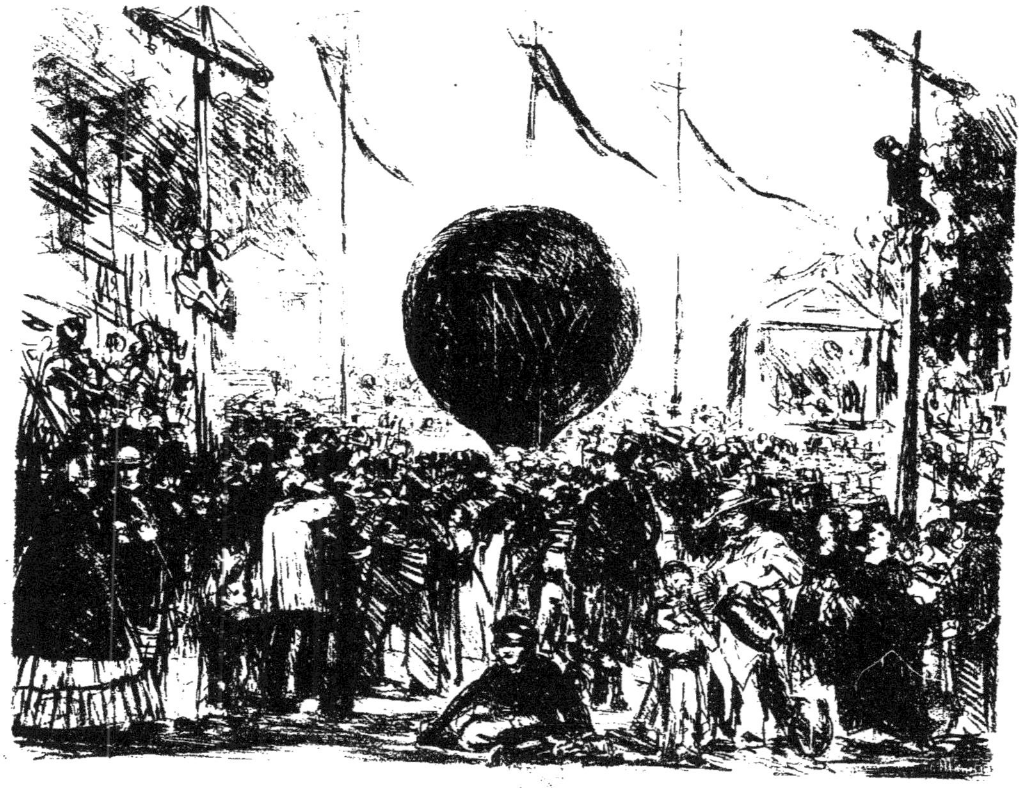

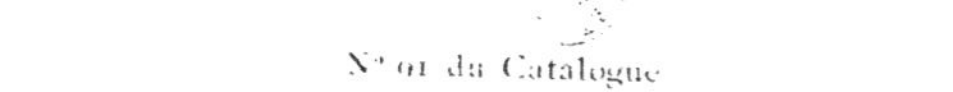

N° 61 du Catalogue

MANET (Edouard)

91. Le Ballon (76). Superbe épreuve. De toute rareté.

92. Guerre civile (81). Très belle épreuve sur chine.

93. La Barricade (82). Très belle épreuve sur chine.

94. Berthe Morisot (83). Très belle épreuve sur chine.

95. Les Courses (85). Très belle épreuve du 1er état sur chine, *avant* le nom de Lemercier.

96. La même estampe, 2e état. Très belle épreuve sur chine.

MANZI

97. Portrait de Degas. Fac-simile d'aquarelle. Superbe épreuve *imp. en couleurs.*

MERYON (Charles)

98. La Morgue (Loys Delteil 36). Magnifique et rarissime épreuve du 3e état, *avant toute lettre, même avant le nom de Meryon. signée.*

MILLOT (A.)

99. Tête de lynx — Etude de lion. Deux pièces. Très belles épreuves, *signées.*

RAFFET (Aug.)

100. Retraite du Bataillon sacré, à Waterloo (H. Giacomelli 80). Très belle épreuve.

101. Combat d'Oued-Alleg (82). Superbe et très-rare épreuve sur chine, d'un 1er état, *non décrit, avant le n° 6* et *avec* le mot : *Maréchal,* écrit en entier.

REDON (Odilon)

102. Yeux clos. Très belle épreuve sur chine.

103. La même estampe, 2e tirage. Très belle épreuve sur chine.

104. Araignée — Arbre — Allégorie. Trois pièces sur chine, une *signée.*

ROTHENSTEIN (William)

105. Tête de Femme. Très belle épreuve sur japon, *signée*.

SOMM (Henry)

106. Figures de Femmes — Almanach pour 1891 — Feuilles de croquis, 4 estampes et 2 dessins.

STEINLEN (Th. A.)

107. En attendant ! Très belle épreuve, *signée*.

108. La même estampe, en même condition.

109. Aux vrais pauvres : les mauvais riches. Superbe épreuve sur chine, *signée*.

110. La même estampe, en même état.

111. Crêche du 16e Arrt. Superbe épreuve, *signée*.

112. ...... (L'Estampe moderne). Très belle épreuve sur chine. Rare.

113. Couverture de livre. — Titre de chanson. Deux pièces *avant la lettre*.

TEN CATE

114. A. Rotterdam. Très belle épreuve sur japon.

115. A Londres (La Tamise). Très belle épreuve.

TOUPEY (A.)

116. Portrait de Femme, d'après...... Très belle épreuve sur chine, *signée*.

WHISTLER (J. M. N.)

117. Bibi Valentin (W. 28). Très belle épreuve sur japon.

118. Bibi Lalouette (30). Très belle épreuve sur japon.

119. Petit Modèle. Très belle épreuve sur japon, *signée et numérotée* (18).

120. Early Morning, Battersea, 1878, Lithographie. Très belle épreuve.

121. Femme drapée à l'antique, tenant un vase. Belle épreuve.

122. Femme nue, tenant une draperie. Belle épreuve sur chine.

123. Le Fils de Seymour-Haden, assis, 1869. Reproduction par l'héliogravure.

ZORN (Anders)

124. Henri Marquand (Loys Delteil 81). Superbe épreuve *signée*. Rare.

125. Sous ce numéro, il sera vendu douze pièces diverses.

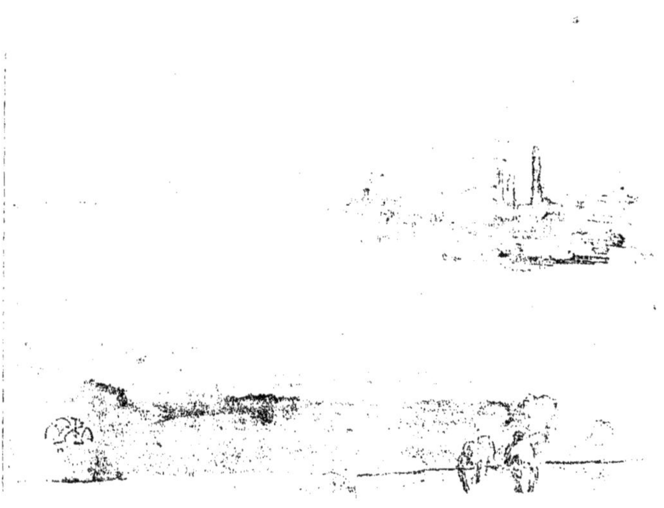

N° 120 du Catalogue

IMPRIMERIE

FRAZIER-SOYE

153-157, Rue Montmartre

PARIS

www.ingramcontent.com/pod-product-compliance
Ingram Content Group UK Ltd.
Pitfield, Milton Keynes, MK11 3LW, UK
UKHW021927190726
13853UKWH00002B/889

9 782329 614731